じつは伝わっていない日本語大《だい》図鑑《ずかん》

監修 山口謠司

東洋経済新報社

じつは伝わっていない日本語大図鑑◆目次

はじめに

今、「おつり」を知らない子どもたちが大勢いるそうです。

おつりという概念がわからないのはもちろん、現金そのものも見たことがない子さえいる、というのです。

まさかと思う方も多いかもしれませんが、先日、朝のＮＨＫテレビ『あさイチ』でも、おつりを知らない子どもたちの急増問題を取り上げて、現状を伝えていました。

たとえば、ある小学校の2年生の教室。先生が「１００円で48円のガムと32円のアメを買いました。おつりはいくらかな？」と尋ねると、生徒たちは皆キョトンとして、「先生、おつりって何？」と口々に聞き返してくる——。

また、小銭を「何だ、こんなもの」とばかり、近所の川にジャラジャラと投げ捨てた男の子とか、持たされているカードを駅の改札で〝ピッ〟とすれば電車はタダで乗れると思っている女の子の例など、次々と飛び出してくる母親たちの証言——。

スマホやタブレットの普及により世の中全体でキャッシュレス化が進み、そもそもそうした子どもたちの若い親世代が、カード決済やコード決済を駆使し、電子マネーを当たり前のように使用しているため、買い物でも、おつりを数えて出すという行為をわが子に見せる場面も少ないのでしょう。

大半の日本人が、ほぼ一人一台、スマホなどのデバイス機器を携えるようになっている現代。そうした背景が、「おつり」というごく近しい言葉を消滅危機に向かわせているのは大変興味深いことです。

と同時に、変貌著しい〝スマホ社会〟が日本語に与えている影響は、「おつり」のＳＯＳにとどまらず、もっともっと大きく深いのではないかと、私は改めて感じずにはいられません。

実際、個人個人が黙って画面を操作するだけで事足りてしまう便利さが、社会や家庭に本来あった豊かな直接コミュニケーションの機会を、恐ろしいほどのスピードで減少させています。

若者たちの活字離れも、おそらくその延長線上にあり、人と面と向かって語り合うのは時間の無駄と言う若者もいると聞きます。

そのような彼らがＳＮＳやＬＩＮＥの画面に打つのは、たとえば「り（↓了解の意)」「オワタ(↓終わったの意)」「クサ(↓笑いの意)」……などなどの極端に短い文字、あるいは記号や絵文字。

いったい、日本の素敵な言葉がどれだけ摘み取られてしまっていることか。

しかしながら、そうした若者たちを私は責めているわけではないのです。言葉とは、生き物であり、常にその時代に暮らしている人々に寄り添っているものです。若者たちが自分の言いたいことを相手に伝えることができ、かつ相手の意図をくみ取ることができているなら、それもまた〝会話の成立〟だといえましょう。

ただ、問題は、若者同士のコミュニケーションではないケース。とりわけ年配者との会話です。

スマホ社会にどっぷり浸かって育った若者たちは、活字のシャワーを浴びることが少なく、生の会話も苦手とあって、体内に語彙《ごい》の蓄積が多くありません。

一方、どちらかといえば人肌の温もりを好むアナログ世代の年配者たちは、活字にも親しんでおり豊富に言葉を持っています。

この両者が話す時、おかしなチグハグ感が生まれる例を、じつは私はいくつも知っています。

▽たとえば、上司（年配者）と部下（若者）が交わした次のような会話。

上司「出張お疲れ様。一日延びたから足が出たんじゃないか」

部下「はい。急遽取った宿の布団が小さく、足先が出てよく眠れませんでした」

▽また、社長室に呼び出されて社長から叱責を受けた若手社員。

社長「まったくもう、おととい来やがれ！」

社員「せめて、昨日来ればよかったんでしょうか」

▽大至急の原稿仕事をこなしたライター（年上）が、廉価の支払書を若い編集者に渡された際。

ライター「あのう、もう少し色をつけていただけるとうれしいのですが」

編集者「白い紙ではだめですか」

いずれも知人から聞いた話ですが、念のため注釈を加えますと、「足が出る」とは「予算オーバー」を意味し、「おととい来やがれ！」は激しい怒りを表す慣用表現であり、「色をつける」は「金額を上乗せするなどして相手に感謝や誠意を示すこと」です。

かつての日本社会なら、日本人同士で当たり前のように通じた日本語が、むなしく空回りしています。

同じ日本語を口から発しているのに、意図が相手に伝わらない。日本語の単語はわかるのに、真の意味が理解されない。

なんと非建設的な状況でしょう。

しかも、私がもっと問題だと思うのは、年配者のほうが、自分が話している言葉が相手にまったく伝わっていないことに気づいていない点です。無理もありません。なんといっても日本人同士なのですから。

けれども、一刻も早くその認識を改めなければと、私は思うのです。

長年ずっと自分の言葉は社会できちんと通用してきた、という年配者の思い込みが、落とし穴でもあります。

もしも今日、部下の若い社員たちにかけた言葉「大車輪でいこう！」が、まるで彼らの心に届いていないとしたら――。兄弟げんかの仲裁に入った母親の一言「両方ともそんなに目くじら立てなくても」が、彼らの頭に「？」しか残さないとしたら――。そのほか、わが子を励ます「本腰を入れて頑張れ」とか「大器晩成型だから」とか……。

もちろん通じるケースがゼロとはいいませんが、いずれにせよ、日本語コミュニケーションをめぐる新たな実状を正しく把握し、自分が扱う言葉の選択に今一度配慮することが、若い人相手には最低限必要なのかもしれないのです。

親しい年配者に、この話をすると「じゃ、若いもんも、おっしゃっていることの意味がわかりませんと、質問してくれればいいのに」と返されることがあります。

しかし、今の若者たちは、たぶんそこまで熱心に会話についてこようとはしません。

最近、京都の龍谷大学が、全国の会社の上司と若手部下1000人を対象に「世代間ギャップ」についてアンケート調査を実施しているのですが、その結果からも若者たちの気持ちがおおよそ読み取れます。

双方の約半数が、年齢や立場、常識、時代背景などからギャップが生じているとし、双方の約7割が価値観が合わないとあきらめている、と回答しています。上司のほうは部下に対し「話しづらい、踏み込みづらい」と感じており、部下は上司に対して〝仮面部下〟となっているとのこと。すなわち「上司には本音が言えないでいる」というのです。

会話により、人は相手の心を動かしたり、説得したり、共感を得ることができます。

〝わからない言葉〟をスルーした（された）ままでいては、本当の意味での会話が成り立たないのは言うまでもありません。一緒に働く会社内で仕事がうまくいくはずもなく、親はわが子と上手に心を通わすことができるでしょうか。

本書は、そのようなモヤモヤ状態にあるコミュニケーションの溝を何とか解消できたら――と願って、まとめてみたものです。

どういう言葉が現代の若者たちにとって理解不能であるかということを、わかりやすく6項目に分けて説明していますので、より理解していただけるのではないかと思います。

年配の方々には、「ああ、そうなのか」と気づいていただき、日々のコミュニケーションの見直しに少しでも役立てていただけたら幸いです。

そして若い人たちにとっても、本書が年上の人たちとの相互理解を進める一助となれば、さらにうれしく思います。

ページをめくりながら、若い読者には、日本語の奥深さや多種多彩な言葉の妙にも、ぜひ触れていただきたいです。

また、どうしてそんな言い回しが昔から今日までずっと残っているのか……など、気になる日本の言葉を探究してみても面白いはず。

多くの言葉を覚えて、それらを日常生活でも使うことができるようになったなら、周囲から一目置かれるに違いありません。

語彙をどんどん増やしていけば、社会生活もきっと豊かになると、言語学者の私は信じています。

山口謡司

コミュニケーションの溝 その1

〝もうひとつの意味〟が通じない

ココがギャップ！

日本語には、そのものをズバリ言い表さずに、何かの言葉の裏にもうひとつの意味を含ませる特徴があります。ちょっと言いづらかったり、言葉を少し和らげたりしたい時などに、とりわけその傾向が見られるようです。

たとえば、お金がないとあからさまに窮状を訴えたくない場合は「どうにも首が回らなくて」と。また他人の情報をつい聞いてしまったなら、「たまたま耳に挟んだもので」と言い訳したりします。会話の相手の心情をできるだけ穏やかに留めようという意図ではあるのですが、スマホの短い表現だけで用件を済ます昨今、そんな〝遠回りな〟言い方は聞いたこともないと言う若者が驚くほど増えています。

文字通り以外に、こんな別の意味がある

踏み台にする

目指していることを達成するために、ちょうどよい足がかりとして、他人を利用する

味噌をつける

失敗してしまう。面目を失う。あることをしそこなって目的を達することができない。昔、失敗してヤケドをした箇所に味噌をつけて手当てしたことから

寝た子を起こす

静穏になったというのに、つまらないことをつい起こしてしまって、もとの騒然状態にする。せっかく忘れかけていたのに思い出させて、また問題を生じさせる

息が掛かる

権力を握って勢力のある有力者の影響下にある。支配下にある

顔に泥を塗る

相手に恥をかかせたり、面目を失わせたりする。また、相手の名誉を傷つけたりすること

枕を高くする

身の回りに危険なことや心配事がなく、安心してゆったりと眠る状態

油を売る

仕事や用事の途中で怠けて時間をつぶしたり、無駄話に時間を費やしたりする意。江戸時代、女性に髪油を売る商売人が、ゆっくり世間話をしながら売っていたことから

釘を刺す

約束したことを破ったりしないよう、あらかじめ念を押しておく

首が回らない

借金がかさんでどうにもならない。どうにも返済のやりくりがつかない

峠を越す

病気など一番危険な状態が過ぎた。また、絶頂期を過ぎて盛りの勢いが衰えてきた

耳に挟む

聞こうとしていたわけではなく、たまたまふと聞いてしまった。「小耳に挟む」とも

色をつける

少し色をつけていただけないでしょうか
支払見積
どうぞ
わかりました。何色がよろしいですか?
も、もうケッコウです〜!!
えのぐ
ダダ…

意味 仕事の取引などにおいて、十分に誠意ある対応をしてくれた相手に対し、おまけや値引きや支払い料アップ……等の手心を加えること

雷が落ちる

残業中
ヘタすると、明日、雷が落ちるぞ
上司
終わらね〜
まさか。明日は快晴だと天気予報が言ってますよ
明日
0%
そっち!?

意味 先生や親など主に年長者から、大声でひどく叱られる。どなられて口やかましく文句を言われる

弓を引く

引き立ててもらったり、恩ある人などに対して、そむくこと。反抗すること

波風が立つ

静かな暮らしに突如もめごとや争いごと、あるいは辛いことなどが起きて、平穏が破られる。水面に風が強く吹くと波立つのに似て

棚に上げる

棚に上げるのは、不都合なこと、不利益になること、解決が難しい問題……など。それらを、そのままにして触れないでおく

匙《さじ》を投げる

どうやっても効果が見込めない。また、医者が患者を回復させる治療方法がないとあきらめる。薬の調合に使う匙を投げる意から

穴を埋める

経済的な損失や赤字を補う。生じた欠員を補塡する

膿《うみ》を出す

取り除いてしまわなければ害になるものを、始末すること。都合の悪いことを除き去ること

水を差す

うまくいっている物事の邪魔をする。良好な間柄の人たちに対し、脇から余計な干渉をしたりして、関係を不調にする

足を洗う

続けてきた仕事をやめる。就いていた職業から身を引く。また、いやしい仕事や悪い行いをやめて、真面目になる

船を漕ぐ

会議後
おい、船を漕いでいた奴がいたな。誰だ
シーン
レジュメ
ハイ。僕、学生時代はボート部でした
よくごぞんじで!
!?

意味 居眠りをするという意味。頭を前に垂れたり上げたりを繰り返して眠るさまが、船を漕ぐようだから

秋風が吹く

意味 仲がよかった男女の関係が冷める。「秋」を「飽き」にかけて、相手に飽きた、愛情が以前ほどではなくなったという意

すーん
そろそろ秋風が吹いてきたようで
そのようですねえ
ひそひそ
ひそひそ
ひそひそ
ひそひそ
いやだ、皆さん。今は春ですよ
ぐすん
ぐすん
花粉症が〜〜
ぐすん
ずび〜〜

足を引っ張る

成功や出世など、良い方向へ向かっている他人の邪魔をする。物事全体の進行を妨げる

足下を見る

相手の弱みや弱点を見透かして、そこにつけこむこと。昔、駕籠《かご》かきなどが、旅人の足の疲れ具合に目をやって、料金を吹きかけたことから

足が早い

鮮魚をはじめとする生鮮食品などで、腐りやすいものを指していう。また、売れ行きが良いという意も

手を出す

ある物事に進んで関係を持つこと。干渉すること

手を引く

これまで携わっていた物事から身を引いて、続いていた関係を断つ

手の平を返す

急に態度をがらりと変える

手を汚す

直接自分が実際に物事を行う。好ましくないことや、つまらないことの場合に言う

鼻を折る

得意になっておごりたかぶっている相手をぎゃふんと言わせる。恥をかかせる。「鼻柱を折る」とも

あぐらをかく

意味 すでに得ている地位や権利が確固としているのをいいことに、自分はずうずうしく何もせず、いい気な態度をとっていること。足を組んだままの気楽な様子から

ビシッ
俺の息子だからってあぐらをかくな
社長
ハア…
社長息子
お、おい! 正座でやれって意味じゃないからネ!
カタ
カタカタカタ

手《て》垢《あか》がつく

企画会議
お前のは、手垢がついているなあ
ボクの企画書
このパソコン、買ったばかりの新品なんですけど
おっかしいな〜〜
ふき
ふき
ふき
除菌

意味 古臭くて新しい味わいも趣もなくなっている。多くの人に触られて汚くなっている意から

線が細い

見たところ、何とも弱々しく頼りなさそうな感じがするさま。例「あんな線の細い人で大丈夫かな」

耳が痛い

他人の言うことが、ずばり自分の弱点やいけない点をついていて、聞くことが辛い

お寒い

人についても物事についても、貧弱で心細く頼りない感じがするさま

荷が重い

仕事の責任や負担が、今持っている能力の割には大きすぎる

尻尾を振る

相手に気に入られようとする。取り入ろうとしてこびること。犬が餌をくれる人に向かって尻尾を振るさまと同じで

寝返りを打つ

味方を裏切って敵方につくこと。「寝返る」とも

ふたを開ける

実際に物事を始めること。興行などが始まること

壁に突き当たる

仕事や物事などが、障害に出合ったり不都合が生じて行き詰まる。それ以上進むのが難しい状況になる

隅に置けない

意味 平凡だと思っていた人物が、意外な才能や腕前を持っていることがわかって侮りがたい。ばかにできない。油断できない

待ち合わせ中
今日来るあの人は、隅に置けないからなあ
ああ見えて…
ほわ〜ん
T大卒
ドキ
ドキ
ドキ
彼の席は中央付近に設ければいいですか？
ガタ！

花を持たせる

意味 手柄や勝利の栄光や名誉などを相手にゆずる。相手が目立つように立てて、有利になるようにする

陰の立役者の彼に花を持たせてやれ
コンペとったどー!
わー
わー
やった~
えっ……
すっ

赤信号が点《つ》く

進む先に、危険や困難がある。危険な事態が差し迫っている。困難がすぐそこに

レッテルを貼る

人物や物事に対して、勝手に特定の評価をする。独断で、こうだと決めつける

墓穴を掘る

失敗や破滅に自分を追い込んでしまう原因を、自らがつくってしまう

株が上がる

人物の評判がよくなる。評価が高くなる。

⇕反対「**株が下がる**」評判や評価が悪くなる

襟を正す

気を引き締めて真面目な態度になる。改めて事に真剣にあたる。着ているものの乱れを正しく整える意から

ネジを巻く

やる気のない行動や怠けた態度を叱って注意したり、励ましてきちんとするよう直させる

冷や飯を食う

冷淡にあしらわれ、不当に低い待遇を受ける。本来の能力が評価されず低い地位に置かれる

脈がある

まだ期待できる。前途の見込みがまだ持てる。脈が止まっていないということは、まだ命があるという意から

一杯食う

意味　人にだまされること。反対に、だます場合は「一杯食わす」という

一杯食った、ということか……
大口案件
フフフ…いただいたぜ
ライバル社
くそ～
すみません。彼らとの会食で、僕はご飯を二杯お代わりしました
き、きみよく食うね
すいませーんおかわりー
は？

足踏みをする

意味 物事が停滞をしている。現在の状態がはかどらないままで、少しも進歩していない

いつまで足踏みをしている気だ！
わが社の一大プロジェクトだぞ！
社長
あせ
あせ
あせ
あせ
足踏みって、手軽にできる健康運動なんです
ぐあ〜
ふみ
ふみ
ふみ
ふみ

レールを敷く

物事が滞りなく進むよう事前の準備などを整える。円滑な実現のためにあらかじめ下準備をする

産声を上げる

新しいモノやコトが生まれる。新しく起こる。「産声」とは、誕生したばかりの赤ん坊が初めて上げる声

メッキが剥げる

中身がむき出しになる。それまで見えなかった本性がさらけ出される

唾《つば》を付ける

他人に取られたくない物事に関し、誰よりも早く自分が得られるような関わりを事前に付けておくこと

よだれを垂らす

欲しくてたまらないと思いながら、うらやんでいるさま

脱線する

話や行動が、本筋ではないほうにそれる。横道のほうにぶれる

実を結ぶ

努力した甲斐あって、良い結果を得る

冷《ひや》水《みず》を浴びせる

やる気満々で意気込んでいる人に、その気持ちを衰えさせ元気を失わせるような言動を、傍らからすること

足が出る

出張お疲れ様。一日延びたから、足が出たんじゃないか
ポン
はい。急遽取った宿の布団が小さく、足先が出てよく眠れませんでした
ぶるぶるぶる
足と耳が長いんでボク
あ…そ、そう…

意味 予算以上の金額を使ってしまい、赤字になる。出費が予算をオーバーすること。「足を出す」ともいう

尻を拭《ぬぐ》う

なんだね、今の先方とのデンワは!?
まじっすか?
君の尻を拭うのは、ゴメンだからな
え、いや、ちが…
失礼な。自分のトイレの始末は自分がするに決まってるじゃないですか
さっそく行ってきます!
ダダ…

意味 他の人がやってしまった不始末や失敗の後始末をする。その人に代わって事後処理をする。「尻拭いをする」とも

梯子《はしご》をはずされる

仲間たちと気持ちを一つにして活動していたのに、裏切られ、自分だけが困難な立場に立たされる。一人だけ見放される

痒《かゆ》い所へ手が届く

こちらが何も言わなくても、してほしいと思っていることを察してくれて、あれこれ動いてくれること。細かい点まで気づいて、心配りが行き届いている様子

火《ひ》の粉《こ》が降りかかる

無関係なのに、どこからかやってきた災難や迷惑をこうむってしまう

鼻が高い

いやあ、父さんも鼻が高いよ
学年1番じゃないか！
成績表
ウチは代々、家族みんな鼻がスッと高いですからね
がんばったわね
まあ…今日はいいか…

意味 自慢げに誇らしく思うさま。得意気である

心臓が強い

意味 厚かましく平然としている。恥ずかしがりもせず悪びれる様子もない

グガ〜〜
グオ〜〜
あの人は、なんて心臓が強い人だ
座れないだろうが
健康診断でオールAなのが自慢なんですよ、彼
その強いじゃなくて…
BMI値が高い

煙たい

あの先輩は、煙たいからちょっと苦手なんだ
すごいヘビースモーカーですからね
やに〜
そういう意味じゃ…
サイテー

意味　窮屈な感じがして嫌だ。ちょっと敬遠したい思いだ

ぬるま湯につかる

意味　何かをする意欲もなく、現在の境遇に甘んじて、のんびりとただ時間を費やしながら暮らす

ぬるま湯につかってないで、ちゃんと目標を立てたりしなくては
向上心
社内相談窓口
僕は、ぬるま湯は嫌いで、いつも42度くらいの熱い湯に入ってます
くぅ〜〜〜
!?

襟を開く

意味 自分の胸の内をさらけ出す。思っていることを隠すことなくすべて打ち明ける

もう少し、襟を開いてくれたらいいと思うんだが
黙々
ひっく
上司
こうですか？こうしたほうがカッコいいですか？
うぃ〜〜
ひっく
ビリッ
ひっく
キャッ

神輿《みこし》をかつぐ

意味　人をおだて上げていい気持ちにさせる。人をほめまくる

お前は、神輿をかつぐのがうまいな
取引先
すごいですー!
イヤイヤ
ガタン
ゴトン
ガタン
力持ちなもんですから、地元のお祭りでも神輿かつぎのリーダーなんです
やめれ
どやっ

種をまく

意味 ある出来事が生じる原因をつくる

お前がまいた種だ。自分で何とかしろ
損失
ちゃんと水やりしてるのに、どうして元気に伸びないんだろう
ひょろ〜〜
損失

ペンを折る

意味 書くことをすべてやめる。文筆の仕事をやめる。「筆を折る」とも

あの作家は、ペンを折ったそうだよ
ノリノリの森
新刊コーナー
短気な人ですから、むしゃくしゃして、ついポキッとしたんでしょうね
う…うん？

バスに乗り遅れる

意味 時代の流れに置いていかれる。世の中の動きについていけない。取り残される

業績表
このままでは、我々はバスに乗り遅れてしまうぞ
大丈夫です。終バスまでにはまだ時間がありますから
もう帰れ！

話す側は、相手に通じていないと感じたら、別の言い換えを

返答に変な間があったり、反応が不自然だったりしたら、他の言い回し、言い方、よりわかりやすい言い換えを工夫して、伝え直してみる。

理解できなかった側も、あいまいにしない

料理の話題でもないのに、「味噌をつける」とは変だと思うはず。あるいは、工場でもないホテルで「缶詰になる」とは、どう考えても結びつかない……。意味がわからなかったら、可能な限り素直に尋ね返してみよう。

語《ご》彙《い》を増やすことは大切

ふだん使う語彙数が少ない人は、説明力や表現力も劣っているということ。理解できなかった言い回しは、その日のうちに辞書やスマホなどでぜひチェックを。

語彙増加に効果的な「音読」

小説やエッセイなど、好きな本の一節を音読すると知らない言葉が記憶され、その著者の言葉遣いや説明力が、自然と身につく。

コミュニケーションの溝 その2

いったい何のことやら――。比喩《ひゆ》の共通認識は薄まる一方

ココがギャップ！

「海老で鯛を釣る」「鬼の居ぬ間に洗濯」「絵に描いた餅」……。世の中の理や人生の機微を簡潔に掬《すく》い取っている諺《ことわざ》の数々も、短文だけで事足りるスマホ社会では登場することがめっきり減っています。

そうした諺の類いは、ゆったりと交わされる会話でこそ挟まれるものだとしたら、今や人と向かい合って話すのは時間の無駄（タイパが悪い？）とすら考える若者たちに、諺の知識が蓄積されるはずもありません。もちろん、多くの諺を知っている年配者との会話のズレも広がるばかり。

諺以外にも、日本語には、じつに巧みな喩えで本来の意味を込めた言い回しがたくさんあり、昔は誰もが「ああ、それそれ」と比喩を共通に理解していました。

けれども、それはもう、離れた世代間では通用しない――と思えます。

知ったかぶりでは、会話にならない……

お茶を濁《にご》す

いいかげんなことを言ったりして、その場を何とかしのぐ。適当にその場をごまかす

木で鼻をくくる

冷たい無愛想な態度で応対する。そっけなくあしらう

肩で風を切る

どうだと言わんばかりの威張った感じで歩いているさま。威勢よく得意げな態度

目鼻がつく

意味 物事がだいたいのところまでは出来上がっている。最終的な仕上げまであと一歩。全体の見通しが立つ

新年会
あと少しです部長!
福笑い

尻に火がつく

意味 事態が切迫して、いてもたってもいられない。差し迫った事態に追い詰められるさま

ダダダ…
うおおお〜!!
チリチリチリ

身を粉《こ》にする

大変な労苦をいとわず力を尽くす

角《かど》が立つ

事が荒立ってしまい、他人と円滑にいかなくなる意。

泡を食う

思いがけない出来事にびっくりして、あわてる

目くじらを立てる

「目くじら」は目尻のこと。キッとつり上げて、ささいな事柄にむきになって怒る。いちいち他人の欠点を突く

目が肥えている

骨董や美術品など優れた本物をたくさん見てきて、真贋が見極められたり、鑑賞力が高い

耳が肥えている

音楽や話芸などを数多くきいてきて、それらを味わったり、優劣を判別する能力が備わっている意

舌が回る

とちることなく滑らかによくしゃべる。話し方が上手

手を回す

事がスムーズに運ぶよう、必要な手配を隠れてこっそりする

二枚舌を使う

意味 さっきと今で、違うことを言う。前後で矛盾していることを言う。嘘を言う

DAY
先輩～
イケてます～
NIGHT
あいつ
イケてないよねー

腕が鳴る

意味 自分の腕前や能力をここで見せてやろうと、意気込んでいるさま

ググッ
ムキムキ
弊社におまかせくださいっす

手を染める

ある物事や新しい事柄などに、関係を持ち始める。事業などに関わる。着手する

腹をくくる

物事の結果がどのようになろうとも、たじろがないようにしようと覚悟する

耳にタコができる

同じ話や同じことを何度も聞かされること。何回も聞かされすぎてうんざりする。慣れてしまって別段感じなくなる

つむじを曲げる

気分を損ねて素直になれずに従おうとしない。意地悪く反対する。わざとひねくれた態度をとる

一枚嚙《か》む

ある物事に、何らかの形で参加する。関係を持って役割を果たす

顔をつなぐ

知り合いである関係を保つ

あごが落ちる

食べ物が大変に美味しい、という意

後ろ指をさされる

背後から他人に指をさされて悪口を言われる意。陰でそしられる。陰で非難される

鼻の下を長くする

意味 女性に対し、でれでれする。女性に甘く、だらしない様子

でれでれしないでよね~
やだも~
え……もともとだけど……

のどから手が出る

意味 欲しくてたまらない。欲しい気持ちが我慢できない

ダイエット中
う…うう…

後ろ髪を引かれる

終わったはずのことなのに、心が残って思い切れない。未練の情が残る

水に流す

今まで相手に抱いていた不満や恨みなどを、もうとやかく言うのをやめにして、それらはすべてなかったこととする

薄氷を踏む

とても危険な状況に臨むこと。例「薄氷を踏む思いだった」

色眼鏡で見る

最初から先入観や偏見で人を見る。固定的な観念や見解で人を判断する

尾ひれがつく

事実以外のことがあれこれ付け加えられて、話が実際よりもおおげさになる

閑《かん》古《こ》鳥《どり》が鳴く

ひっそりとして、物寂しいさま。特に商売やイベントなどで客の入りが悪い様子

眉に唾をつける

だまされないように用心すること。眉に唾をつければ、狐や狸にばかされないという俗信から

真綿で首を絞める

直接的に痛めつけるのではなく、言葉などをもって遠回しにじわじわと責める。精神的に追い込む

缶詰になる

意味 外部との交渉を断たれたある場所に閉じ込められること。また、そうした状況において仕事をさせられる

取引先
仕上がるまでここで待たせていただきますね
じっ
ひい〜

虎の尾を踏む

意味 非常に危険きわまりないことをする

!!
ギャハハ
それでさー

色を失う

非常に驚いたり恐れたりして、顔色が青ざめるさま

煙《けむ》に巻く

わけのわからないことを言い立てて、相手を戸惑わせる

呑《の》んで掛かる

実力は自分より劣っているはずと相手を下に見て対応する。相手を軽く見くびって勝負に向かう

一《ひと》泡《あわ》吹かせる

だしぬけに相手の意表を突く行動をして、ひどく驚きあわてさせること

裏をかく

敵あるいは相手の思惑とは正反対の行動に出て、その計略をくじく

耳を疑う

聞いたことが本当なのか、あまりにもびっくりで信じられない

白《しら》を切る

知っていながら知らないふりをする。自分の保身のために知らないこととして、しらばくれる

大口をたたく

いかにも偉そうに大げさなことを言う

壁に耳あり

意味 こっそりと密談していても、誰かが聞いていないとも限らない。内密話は洩《も》れやすいものだ、気をつけよう、の意

給湯室
フムフム
まじで!
えーうそー
火の用心

目くそ鼻くそを笑う

意味 自分の欠点はそのままで、他人の欠点をあざ笑うこと。どっちも同じように汚いわけで、バカにして笑う者も笑われる者も大した差はない、という意

あいつ だらしね~
ワハハハ 見ろよ~

眼鏡《めがね》に適《かな》う

目上の人に認められて気に入られること。「適う」は、ちょうどよく合う、の意。「お眼鏡に適う」とも

眼鏡が狂う

人や物などを見定める際、誤った判断をしてしまう。見損なう

白い目で見る

冷ややかに人を見る。または憎しみを込めて見る。冷淡に扱う

お目玉を食う

悪いことをして、厳しく叱られる。もっとすごく叱り飛ばされたような場合は「大目玉を食う」という

煮え湯を飲まされる

信じていた人のとんだ裏切り行為により、ひどい目にあう

出鼻をくじく

何かをし始めようとして相手が張り切っているところを邪魔する。妨害して気持ちを萎えさせる

足下に火がつく

危険がすぐそこまで迫ってきている。身の安全が危ぶまれて、とても落ち着いてなどいられない状態

足が棒になる

長時間立っていたり歩いたりしたために、疲れで足がこわばる

瓢《ひょう》箪《たん》から駒が出る

意外なところから予想もしなかったものが現れる。冗談のつもりで言った事柄が実現してしまう

海老で鯛を釣る

わずかな労力で利益をたくさん得る。少しの物や元手をもとに、すごく得すること

猫の首に鈴をつける

ある問題ごとの解決策として、確かに名案には違いないが、実行するのが大変難しいという意

馬が合う

見事な乗馬をする人は、馬と呼吸が合っているように、人と人が意気投合する。気が合う状態のこと

痛し痒《かゆ》し

掻けば痛いし、掻かないと痒い。そのように、片方を取れば、もう一方に差し障る。どうしたらよいやら迷って決めかねる意

蛙《かえる》の面《つら》に水

どんなことをされようが、何を言われようが、まったく平気でいる。羞恥心もなく、言動も厚かましい様子

青菜に塩

人が元気なくしょげかえる様子。青菜に塩をかけるとしおれてしまうことから

どこ吹く風

自分には全然関係ないような態度を見せて、知らんぷりを装うさま

鬼の居ぬ間に洗濯

意味 いつも気がねや気配りをしなければならない人が不在の間に、のんびり心と体をくつろげること

部長
ガチャ…
部長が外出てると楽だな
だら
だら

心臓に毛が生えている

意味 ものすごく厚かましくて、非常にずうずうしい人を言う。例「あの人は、心臓に毛が生えている」

残りはもらっちゃうね
うっす…
もったいないし〜
ぺらっ
ぺらっ
差し入れ

藪《やぶ》から棒

唐突に物事をし始めたりする。だしぬけに何かを言ったりする。「藪から棒を出す」とも

蛇《じゃ》の道は蛇《へび》

同類の者は、同類の者のすることと、考えていることなどはすぐわかる。同じ世界にいるなら、中の事情に通じているもの、という意。蛇が通る道を知っているのは、やはり蛇だということから

黒白を争う

どちらが是か非か、はっきりさせる

男を上げる

男子として立派な行いをして、周囲から賞賛や高い評価を受ける

鯖《さば》をよむ

自分が得するように数をごまかす。獲れた鯖を数える際、大急ぎでやったため数をごまかすことが多かったことから

色気を出す

あるものや事柄に対する関心や欲求をそこはかとなく表す。何とかしたいと思う気持ちが見え隠れする

顔が立つ

世間に対する面目や名誉が保たれる

大事を取る

慎重に用心して事をする。自重して軽はずみな行動をしない

右に出る者がない

意味　どこを見回しても、その人より秀でた者はいない。その人がとび抜けて優れている

右に出る者なし自慢／ネコ課
てへペロッ♡
可愛さNo.1
ネコ
スピードNo.1
チーター
パワーNo.1
トラ

頭の上のハエも追えない

意味　自分一人の始末さえも自身でできない情けない状態を言う

午前1時をお知らせします
NEWS
ブ〜
〜ン
あ〜のみすぎた〜
うえ

死んだ子の年を数える

済んでしまった過去の出来事について、愚痴を言ってみてもはじまらない。役に立たない、甲斐がない、の意。我が子が生きていれば今頃は○歳と嘆く意から

背に腹は代えられない

さし迫った問題のためには、目前の不都合などかまっていられない。ほかを顧みる余裕はない

身も蓋もない

それを言っちゃあおしまい、という状況。あまりに露骨すぎて、味わいや趣も人情の機微もない

くちばしが黄色い

年が若く、経験も浅い意。未熟な若者を蔑んで言う言葉。鳥のヒナのくちばしが黄色いことから

尻が青い

まだちゃんとした一人前ではない意。幼児期、お尻に青いあざがあることから

懐が寂しい

持っているお金が少なくて、心細い。

⇕反対 「**懐が暖かい**」

口が寂しい

何か口に入れて食べたい気がするが、手元に適当な物がなく、今一つ満足できないさま

煮ても焼いても食えない

あまりに経験豊富で世慣れていて、それゆえ癖が強すぎたりして、どうにもこうにも手に負えない、扱い切れない。そういう人のことを言う

どんな意味かわからない「〜のような」

歯が浮くような

軽薄でキザな言動に、なんてくだらないと不快に思うさま

奥歯にモノが挟まったような

言いたいことがあれば素直に言えばいいものを、思わせぶりに言い切らないさま

鳩が豆鉄砲を食ったような

突然の出来事に驚いて、あっけにとられている。びっくりして目を丸くしている

竹を割ったような

意味 気性に少しも邪悪なところなどがなく、まっすぐで、さっぱりしている。↓

「竹を割ったような性格」。竹はスパッとまっすぐ割れることから

もう
済んだこと!!
あとは
まかせて！
颯爽！
先輩ステキ♡

腫れ物に触るような

意味 気難しい人などに対し、万が一、機嫌を損ねたら大変と思いながら、慎重に接するさま

も、もう
少々
お待ちを
課長、早く
帰ってきて～
モミ
モミ
パタ
パタ

狐につままれたような

何が何だかわけがわからなくなって、ぽかんとする様子。「つままれる」は「ばかされる」の意

借りてきた猫のような

ふだんはそうではないのに、いつもと違って大変おとなしくしているさま

蛇に睨《にら》まれた蛙のような

恐ろしさに身がすくんでしまい、何もできない。とうてい立ち向かえそうもない相手に、まるで力を出せないでいるさま

赤子の手をひねるような

まったくたやすくできるさま

ミミズがのたくったような

意味　ミミズが土の上をうねり回った跡は、意味不明なくねくね線。そのような下手な文字という意

あいつの書き置き読めないんだけど……

芋を洗うような

意味　体と体が擦り合うほど、大勢の人々で非常に混雑している様子

お昼のコンビニ
特価
おにぎり3つで100円
ぎゅうぎゅう
ぎゅうぎゅう
ぎゅうぎゅう

鬼の首を取ったような

意味 ものすごい手柄を立てたように得意になって喜ぶさま。またそうした者を、冷やかし気味でいうことも

こいつの勤め先って、社員1人の会社なのに
最優秀社員賞
すごいだろー!

陸《おか》に上がった河童《かっぱ》のような

意味 周囲の状況などが変わったことにより、これまで発揮できていた能力が全然示せないさま。想像上の動物の河童は、頭上にある皿状のものに水が入っていないと無力になることから

あ……
あの
これ……
水

短い一語で、ユニークな比喩&深い意味

関《せき》の山

精いっぱいやってもここまで。やれる限度。できることの限界

象《ぞう》牙《げ》の塔

学者などが、俗世間のことにはいっさい関わらず、研究だけに没頭する態度や生活。また、彼らがいる場所、研究室など

青《あお》天《てん》井《じょう》

物価や株価などが、無制限に上がること。青空は果てしなくどこまでも高いことから

自転車操業

意味　苦しい経営の企業が、倒産を避けるため、赤字を承知で操業を続けている状態。走っている限り自転車は倒れないことから

グオオオオ
パッ
営業中
シャカ
シャカ
シャカ

オウム返し

意味　人から今言われた言葉を、そっくりそのまま口に出して言うこと

真似すんな
マネスンナ
このやろう
コノヤロウ
ばーか
オマエガナ
え?!

泥縄《どろなわ》

「泥棒を捕らえて縄をなう」の略。犯人を捕まえてから、しばる道具を作り始める愚かしさ。事が起こってからあわてて用意や対策をする、という意

瓜《うり》二つ

兄弟や双子などの顔かたちが、見分けがつかないほどよく似ていること。縦二つ割りにした瓜が同じ形状であることから

極楽とんぼ

人生設計も何もなく、ただ浮ついて生きているだけの、のんき者

濡れ衣

誤解や根も葉もない噂や策略などのために負わされる、無実の罪

目と鼻の先

意味 非常に距離が近いこと。ほんのすぐそこ

お！
もうこんな
時間か

刺身のつま

意味 あってもなくてもよいような単なる添え物。いてもいなくてもよいような人

記念パーティー
あれ、
いたの⁉
…。

手《て》前《まえ》味《み》噌《そ》

自分で自分のことをほめたり誇ったりすること。自分が作った味噌の味を自分でほめることから

鶴の一声

会社や組織などで、上に立つ権力者が、人々を威圧し有無を言わせない中で発する、物事を決定する一言

糠《ぬか》喜び

あてがはずれてしまって、せっかく喜んだことが無駄になるさま

藪《やぶ》蛇

余計なことをしたばっかりに、思わぬ禍を招いてしまうこと。「藪をつついて蛇を出す」とも

コップの中の嵐

意味 全体の成り行きには影響を及ぼさない限られた範囲内で起きたもめごと

絵に描いた餅

意味 絵に描いた餅は食べられないことから、実際の役に立たないもののこと。また、計画などが実現する見込みがないこと。失敗して無駄な骨折りになるさま

虎の子

大事にしまってある金品など、とても大切にして手放さないもの。虎は我が子を非常にかわいがり守ることから

いたちごっこ

双方が同じことを繰り返すばかりで、いつまでたっても決着がつかないこと。無益な繰り返し

いたちの最後っ屁

もはやこれまでかと窮した際、非常手段を用いること。危機に陥ったいたちは悪臭を放って逃れようとすることから

紅《こう》一《いっ》点《てん》

男性が大勢いる中に、女性がただ一人だけいること

どんぐりの背比べ

意味 どれもこれも同じように大したことがなく、優れたものがない。似かよった人ばかりで際立つ人がいない

入社式
今年は凡庸かな
社長

ねこばば

意味 「猫糞」と書く。猫が脱糞後、脚で土砂をかけて糞を隠すことから、悪事を隠して素知らぬ顔をする意。誰かの落とし物などを黙って自分の物としてしまうこと

サッ

ウドの大木

体ばかりが大きくて、何の役にも立たない人。ウドの茎は大変高く伸びるのに、柔らかくて役に立たないことから

黄色い声

女性や子どもの、かん高い声

雲《うん》泥《でい》の差

きわめてかけ離れている。比較にならないくらいの差

朝飯前

非常にたやすいこと。朝起きて朝食までの間にできるほど容易な

尻切れとんぼ

物事が中途でとぎれたままで完結していない状態

トドのつまり

結局。つまるところ。最後の最後。出世魚のボラは、成長過程ごとに呼び名が変わり、最後にトドという名前になることから

梨のつぶて

「梨」を「無し」にかけて。便りを出しているのに、相手からは全然返事がないという意味。「つぶて（礫）」は小石のこと。小石を投げたらそのまま返ってこないので、そのさまに似ている——

渡りに船

川の向こうに渡る手段がないとき、乗せてくれる船が現れて大助かり。例えばそのように、困っている際、都合のよい話がちょうど持ち上がったり、好条件が提示されること

言い回しのイメージを、頭の中でビジュアル化してみる

相手の言ったことが一瞬わからない時は、想像力を働かせて。場面の〝絵〟が浮かんだら、意味もおおよその見当がつく。たとえば、傲慢さや自信過剰を戒める「実るほど頭を垂れる稲穂かな」は、豊作の稲田で実った米の穂が謙虚にうつむいているイメージ。

日本語ならではの巧みな比喩に関心を持つ

「目が肥える」「のどから手が出る」「あごが落ちる」「眉に唾をつける」……人間の顔ひとつとっても、比喩は実に興味深い。あるいは、効果がないとか無駄だという同じ意味を表すたとえがこんなにも――「猫に小判」「豚に真珠」「犬に論語」「牛に経文」「馬の耳に念仏」「石に灸《きゅう》」「のれんに腕押し」「豆腐

にかすがい」「糠に釘」「二階から目薬」「月夜に提灯」などなど……。

意味に見当がつかない時は、忘れないうちに調べる習慣を

できれば紙の辞書がおすすめ。探し当てた言葉の両脇などに、ふと目が留まる公算大。ついでに語彙を増やすことができる。

コミュニケーションの溝 その3

あいまいな言葉の捉え方は、各人各様

ココがギャップ!

たとえば、「午後イチで来てください」と言われたら、何時に先方へ伺いますか?

「午後」というからには、〝お昼ご飯を済ませてからの時間で〟という意味が暗に込められており、「イチ」なら、〝食べて一服したらすみやかに〟ということです。具体的には1時とか1時半でしょうか。

あいまいな言葉に対するこのような感覚を、かねてより日本人は、暗黙の了解事項として共通に持ち合わせていました。言わずもがなでわかり合っている——とでもいう状態です。

ところが、そうした暗黙の了解は、今の若者には通用しません。スマホ主流の機械的な環境では、〝いつものアレ〟といったあいまいさを、どう判断してよいやらわからないのです。それゆえ、仕事の現場や日々の暮らしにおいて、特に年配者との間で、さまざまなコミュニケーションギャップが生じているのが実情です。

人によって異なる時間の捉え方

そろそろ
もうしばらくしたら
少し経ったら
○時を回ったころ
○時くらいに
あとちょっとだけ
もうすぐ
あとで
会議室に来て
了解しました
10分後
いつまで
待たせるんだ!!
あとでって
いつですか!?

人によって異なる時間の捉え方
朝イチで
午前中いっぱい
一日中
明るいうちに
お昼ごろ
終日
ランチタイムが過ぎた時間で

午後イチで
午後いっぱいまで
夕方までに
まだ陽があるうちに
暗くならないうちに
ひと気がなくなったころ
眠くなる前に
夜分に
夜半過ぎに

ちょちょっと

ほどほどで

疲れたら

ゆるゆると

だましだましで
気が向いたら
うちうちで
ないないで
おおまかで
いい感じで
ちゃちゃっと

行為や振る舞いの認識は人それぞれ

自分と他人の"目分量"は違う

会話改善メモ

〝あいまいさの尺度〟が必ずしも会話相手と合致するとは限らない、と心得る

自分と他の人の頭の中では、指し示すモノが違っているかもしれないと思えば、選ぶ言葉も自ずと慎重になるはず。

時間や数字等をはっきり具体的に伝える

たとえば「30分後に」「7時から7時15分の間に」などと。

幅を持たせる「くらい」「ころ」の使用は慎重に。「4時くらいに」と言うと、3時半過ぎから範疇内とする人もいれば、4時半まではOKと思う人もいて、さまざま。

共通のモノサシを用いる伝え方も

「夜9時のニュースが始まるまでに」などと、共通認識できるものを指し示してもよい。

「あとちょっと待って」と言っても聞き分けがない幼児には、砂時計が効果的だとか。「砂が全部落ちるまでね」と3分間見守らせるところがミソ。

「いい感じで」「ほどほどで」……などはNG

現代の若者は、何を、どうしてほしいのか、具体的に言われない限り理解できない。状況を砕いて説明することが求められる。

コミュニケーションの溝 その4

昭和世代がよく口にする言い回しは若者には謎すぎて、ほぼ理解不能

ココがギャップ！

いちばん重要で最優先事項を意味する「一丁目一番地」。会社員の若者たちからも「ウチの上司がよく言ってる」という声が聞かれますが、彼らは最初、何のことだかわからず別の意味に捉えていた人が大半だと、ある調査が伝えていました。いわく「新宿の歓楽街のこと？」「どこかの居酒屋の住所？」「誰かの住まいだと思った」……などなど。

家庭でも、お母さんはこんな言葉を口にしているかもしれません。「滑ったの転んだの言うんじゃない」——それは、つべこべ文句を言うな、と。あるいは、「またお父さんは午前様なんだから」とか。つまり飲んで朝帰りということ。

ある意味、昭和の言い回しは、含蓄のある言葉の宝庫です。

しかし問題は、今の若い人たちにはほとんど理解されていないなどとは、昭和のおじさん・おばさんたちは、まったく気づきもせずにしゃべっていることです。

会社の上司（おっさん）が言いがちな——

よしなに

おまかせするから、上手にやっておいてね。うまい具合になるよう、よろしくね、という意。ほぼ丸投げに近いニュアンス

一丁目一番地

いちばん初めに取り組まなくてはならない最も重要な案件や課題

ペライチ

ペラっとした1枚の紙を指す略語。企画書や資料などをその1枚に要領よくまとめること。読む側は数枚に及ぶ長さを嫌うため

鉛筆舐《な》め舐《な》め

意味　じっくり思案して、という意味。数字の帳尻合わせでもよく使われる。鉛筆を舐めると滑らかに書けるといわれていたことから

決算期
はかどるわ〜
ペロペロ
勘定帳
売上
損益

ロハ

意味　無料、タダということ。漢字の「只」を分解すると、カタカナの「ロ」と「ハ」に読めるので

ごちそうさまでーす
お会計
¥200,000

全員野球（で）

チーム全員が力を合わせて、この仕事に取り組もう、の意。レギュラーも補欠も全選手が心を一つにして野球試合に臨むがごとく

一枚岩

一枚つづきで裂け目のない大きな岩のように、一致団結した強固な組織でまとまろう、という意

全力投球（で）

あらん限りの力を出して。最大限の力を発揮して

阿吽《あうん》の呼吸

二人が一緒に何か事をする際、気持ちや調子が微妙に一致する、その具合を指す。「阿」は出す息、「吽」は吸う息のこと

決め打ち

話し合いをはしょり、はじめから結論ありきで、会議や商談などに臨むこと。囲碁などで手を決めておいて、そのとおり打つやり方から

えいや（で）

気合を入れて頑張る意。どんな大変なことも頑張ればなんとかなるさ、ということ

なるはや

「なるべく早く」の略。とにかく急いでいる状況

突貫工事

休まず短期間で一気に物事を押し進めて終わらせること。主に建築現場で使われる言葉が由来

大車輪(で)

意味 「大車輪」とは、体操競技で体を伸ばした姿勢で回転する鉄棒技。そこから、一生懸命に集中しながら精を出して事にあたる、という意

新規顧客
とるぞーー!!
うおおおおお

ポテンヒット

意味 野球で、守備が手薄な内野と外野の中間に打球がポテンと落ちる状態から、誰がやるかあいまいなさま

あ….
サインお願いしまーす
宅配便
え…と

空中戦

意味　手元に資料などがいっさいなく、口頭だけで議論を交わすこと

伝えただろ
聞いてねえよ
ギャーギャー
おーい おりて こーい！！

ホウレンソウ

意味　上司に対する報告、連絡、相談のこと。社会人の常識である、この3つの上の漢字を合わせて覚えやすくしたもの

ただいま帰りました
ん!?
ほうれん草
スッ

正直ベース（で）

正直なところ。ありのままを申し上げると。本当は

寝技

普通のやり方ではうまくいかない時に、思い切って繰り出す強い手段

出たとこ勝負

前もってあれこれ手段を考えず、その時の状態で準備なしに事を始めること。成功か否かは運任せ。とにかくやってみる

ガッチャンコ

二つ以上の事柄を、まとめて一つにすること

てっぺん

深夜の午前0時のこと。時計の長針と短針が真上（てっぺん）のところで合わさることから。昼の午後0時も同様だが、日付をまたぐ意味も含めて特に深夜午前0時を指す

ペイペイ

平社員の「平」の意は、並み、普通。その「平」をペイと読んで二つ重ね、新人や万年平社員を軽んじる呼び方

ロートル

年寄りのこと。元は「老頭児」という中国語で老人を意味する

すってんてん

所有していた金品が、すっかりなくなってしまったさま

アゴアシ付き

意味 「アゴ」は食事、「アシ」は交通費を指す。出張などで食事代と交通費を、仕事相手の側が負担してくれること

ご堪能ください
もふもふ〜
ぷにぷに〜

マクラ付き

意味 「マクラ」とは宿泊代のことを指す。食事・交通費・宿泊費すべて持ってもらえる場合は、「アゴアシマクラ付き」

ご堪能ください
豪華ー！

ケツカッチン

意味 次の用事が控えているので、今やっていることの終了予定時間をオーバーできない意。お尻がつかえている感じ

もう施錠しますよ〜
じぼぼぼ…
まっ、待ってくださ〜い！

交通整理する

意味 ややこしくなった案件など、一度整理し直してみて、スムーズな進行にする

ピッ
ピッ
ピッ
ササッ
カタカタ
パラパラ

ガラガラポン

もめ事などの解決を目指して、一度白紙に戻してやり直す意。クジ入りの箱を回す時ガラガラいう音がすることから、何かがポンと出るクジ引きにたとえて

イッテコイ

出費はしたが、ほぼ同額の収益があって助かったような場合をいう。プラマイゼロで損はなかった意。「行く」と「来る」

ダマでやる

黙ってやる、という意。こっそりと内緒で事を行うこと

握る

自分のものとして他に渡さない

まるめる

細かく出た数を切り捨てたり切り上げたりして、端数のないちょうどの数字にすること。2008円なら2000円など

てれこ（で）

互い違いになる。順番を前後させる。元は、二つの異なる筋を一つにまとめて交互に筋を進行させる歌舞伎脚本からきている

かつかつ

ギリギリの状態で、家計やスケジュールなどがどうにか成り立つさま

とんとん

収入と支出など、二つのものを比べて、ほぼ同じであること。額や損得には大差ないこと

見切り発車する

意味 満員や発車時刻を過ぎたりして、電車やバスが乗客を全員乗せ切らないまま出発するさまから、十分な議論がなされないままに、事を実行させてしまうこと

おい！
品物！！
いってきま〜す
PIZZA
PIZZA
ブロロロ…

ドロンする

意味 人が急にいなくなる。黙ってこっそり退席する。「どろん」は、芝居で幽霊の出入りに太鼓をどろどろと打つ音であることから

おーい！
今日残業して
もらえ……あれ？
どろん

人のふんどしで相撲をとる

意味　ちゃっかり他人の物を利用して、自らの利益になることをする

キミ！　これよくできてるじゃないか！
重要資料
僕が集めた情報なのに、
部長、おそれいります！

ふんどしを締めてかかる

意味　事がうまくいくよう強い覚悟でとりかかる。気を引き締めて事にあたる

朝まで飲むぞ〜！
打ち上げ
うおおぉ

王手をかける

将棋で敵の王将を追い詰める一手を打つのが「王手」。極め付きの作戦や手段を、相手に仕かける意

河《か》岸《し》を変える

別のところの飲食店や遊興場に移動すること。「河岸」とは主に飲食・遊興の場を意味する

いの一番に

まっさきに。最初に。「い」は「いろはにほへと……」の一番はじめにあることから

ヨイショ（する）

人をすごくおだてる。人を褒めまくって持ち上げる。神輿を担ぐ時のかけ声「ヨイショ」から

一昨日《おととい》来い

二度と来るな、の意。相手の不始末などをひどく怒ってののしり追い返す時に言う。「一昨日来やがれ」とも

メートルを上げる

酒を飲んで酔いが回るにつれて、どんどん気勢が上がる

海《うみ》千《せん》山《やま》千《せん》

世の中のさまざまな経験をたくさん積んで、世間の裏も表も知りつくした、したたかな人のこと。海に千年、山に千年住んだ蛇は竜になるという言い伝えから

駄目を押す

念を押したことを、本当に間違いないねと、再度念を押すこと

うっちゃりを食う

意味 優勢だった立場を、土壇場で相手に逆転される意。「うっちゃり」は、土俵際まで詰め寄られた力士が体をひねって、相手を外に投げ出す技

あ！いただき……
どうも
ラスト1個どうぞ……
みやげ

トラになる

意味 ひどく酔っぱらって騒ぐ。酔ってあばれる。もっとすごい場合は「大トラ」ということも

うわ〜ん、男なんてぇ〜
ボコ

午前様

意味 深夜の午前0時を過ぎてから遅い帰宅をすること。主に外で長いこと飲んで帰ってきた場合にいう

302
ひかえおろう～
うるせえ

右へ倣《なら》え

意味 自分の考えがなく、先に発言した人の意見や行動に無条件に同調すること。一番右端の者を基準にして順次それに倣う整列方式から

あ、私も
じゃ、私も
ちょっとトイレ行ってき……
ガタ
ガタ

駄目元《だめもと》

「駄目で元々」の略。失敗するとは思うけれど、うまくいけばもうけもの、と考えて試みること

言い得て妙

ある事柄を見事に言い当てている表現だ、実にうまく言っている、という意

てにをはが合わない

話のつじつまが合わない。筋道が整っていなくてよくわからない話だ。「てにをは」（＝助詞や助動詞など）の用法がおかしい意から

付けが回ってくる

「付け」とは未払金のこと。その請求書が来るということから、放っておいた無理や不都合なことの始末、また悪事の報いなどがめぐってくる意

親方日の丸

意味　「親方は日本政府」の意。だからお金については心配いらないということから、公共事業を請け負う企業や国家公務員などに対し、ややもすると安易で無責任になりがちだ、と皮肉っている言葉

(17:00定時)
住民課の○○さまは……え、もう帰った!?
さすがだわ…

平気の平左

意味　何が起きようと大丈夫、平気だよと、平然さをアピールするさま。「平気の平左衛門」の略で、人名のような言葉遊びの表現

これ全部やり直しな
見積
ペチン
へ…へいざえもん〜

おばさんも日常会話でよく口にする——

御《おん》の字

うれしい結果や良い結果に、「しめた」「ありがたい」などと思うこと

よしんば

仮にそうであっても、仮に究極の状況に置かれたとしても

盆と正月が一緒に来たよう

すごく忙しい様子。また、楽しいことやうれしいことが重なること

お払い箱になる

解雇されること。クビになる。伊勢神宮から信者に頒布される災厄を除く御祓い箱が、毎年新しいものに替わり古いものは不要になることから。「祓い」に「払い」をかけて

どっこいどっこい

勢いや力の差がなく、ほとんど互角なさま

何《なん》や彼《か》や

いろいろと。さまざまに。あれやこれや

言わずもがな

言うまでもない。言わなくてもわかることだ。また、言わないほうがいい、の意も

つうかあ

意味

「つう」と言えば「かあ」。つうかあの仲、などともいう。お互いに気心が知れていて、ちょっとの言葉だけで言いたいことが相手に伝わること。気持ちが通じ合う仲良し

つう
かあ

おんぶに抱っこ

意味

人に甘えて全面的に頼ること。特に金銭面でのことに言う。幼児が「おんぶして」「抱っこして」、と甘えてくることから

おいしそうですね
タクシー代も会議室代も出したけど食事まで……？
じ〜っ

それ見たことか

それ見ろ、私が言ったとおりじゃないか。自分の予想から忠告をしたのに聞き入れなかった相手に対し非難する言葉。思惑がはずれてしょげている相手をなじって、言う

へべれけ

酒を飲んでひどく酔っぱらってしまい、正体をなくしたさま

ほっつき歩く

目的もなく、あちこち歩き回る

けんもほろろ

人の相談や頼み事などを、冷淡な対応で拒絶するさま

つっけんどん

愛想がなく、人に対して不親切でとげとげしいさま

じゃけん

情け心もないようなむごい感じで。また、意地が悪いさま

社会の窓

男性のズボンの前開き部分を指す俗語

聞こえよがし

悪口や皮肉などを、わざと当人に聞こえるように言うさま

ポシャる

計画などがつぶれる。なしになる。「ポシャ」は、「シャッポを脱ぐ」のシャッポ（フランス語で帽子のこと）の倒語という

おじゃんになる

物事が不成功に終わる。やっていたことがだめになってしまう。その昔、火事の鎮火の時に打った半鐘の音から

お釈《しゃ》迦《か》になる

つくりそこなう。出来上がりが不良品である。地蔵などの鋳造の際、誤って釈迦像を鋳てしまった逸話から

ちゃんちゃらおかしい

非常に笑うべきことだ。なんとばかばかしくて、おかしいことだ

お為《ため》ごかし

相手のためと見せかけて、実は自分のためになることをしているさま。自分の利のためであることを表面に出さないひきょうなさま

甲斐性なし

物事に前向きに立ち向かっていこうという気力がない。また、そういう人。特に経済的能力のない男性への悪口としていう

お安い御用

主に人から頼まれ事をされて快く応じる場合に、たやすいことだ、簡単だからまかせて、などの意を込めていう言葉

ぺんぺん草が生える

家や敷地などが、荒れ放題になっている様子をいう。「ぺんぺん草」は、さやの形が三味線のバチに似ているのでそう呼ばれるナズナの別称。うち棄てられた土地などによく生えている

煮て食おうと焼いて食おうと

意味　どのようなひどい扱いであろうと。気のすむように。好きなように

損失の責任取らせていただきます！
ドン！
ぎゅっ…
牛鍋!?

シャッポを脱ぐ

意味　相手の力を認め、とても自分は及ばないと降参する。「シャッポ」はフランス語で帽子のこと。降伏の意思表示の動作からいう「兜を脱ぐ」も同じ意

今月の売上
1位・サイ
2位・ネコ
3位・トラ
云々
かぽっ
お前にゃ負けたぜ……
えっ、取れるの!?

かすみを食べる

俗世間に煩わされず生きる。仙人はかすみを食べて生きるという言い伝えから

爪に火を点《とも》す

ろうそく代わりに爪に火を点して明かりを得ようとするほど、過度に倹約する。また、物惜しみがひどく、とてもけちである

御《ご》託《たく》を並べる

くどくどと自分勝手な言い分を並べ立てる

四の五の言う

あれこれ、何のかんのと文句を言う

滑《すべ》ったの転んだの

どうでもいいことなのに、つまらない文句を、いろいろやかましく言って騒ぐさま

お山の大将

あまり重要でないことをなし遂げて得意がる人。狭い社会の中で偉ぶる人。低い小山の頂上に一番で登ると勝ちになる、子どもの遊びになぞらえて

ぼさっとする

何をするでもなく、ただ突っ立っている

すっとんきょう

非常に間抜けな感じを言う

ヘソで茶を沸《わ》かす

意味 おかしくてたまらない。そんなことは現実に起きっこないだろう、という皮肉もこめられている

忘年会
一発芸
パタパタ
ギャハハハ社長サイコー//

お里が知れる

意味 しゃべる言葉や立ち居振る舞いなどで、その人の素性や育った環境がわかる。下品な行為の人は、育ちが悪いことがわかる

日本の夏
彼は仕方ないよなあ……
白くま

ざっくばらん

心の内をつつみ隠さないさま。遠慮がない。ありのまま

べっぴん

漢字で書くと別嬪。とりわけ美しい女性のこと

おしゃま

幼い女の子が、年齢の割に大人びてませているさま

へなちょこ

能力が劣っている人や未熟者などを、下手くそとあざける語

すっとこどっこい

人をののしる時に言う語。バカ野郎と同義

御茶の子さいさい

簡単にできる、という意。「御茶の子」はお茶菓子、また軽い間食のこと。腹にたまらない、たいしたことないということから。「さいさい」は俗謡のはやし言葉

てんやわんや

各自が勝手に無茶苦茶に騒ぎ立てる様子

とんちんかん

物事のつじつまが合わなくて変、という意。鍛冶屋が二人で鉄を打つと、打つ音が交互して揃わずトンチンカンとなるさまから。「頓珍漢」とも当てる

あんぽんたん

あほう。ばか。愚か者に言う語

どっちもどっち

主にもめ事などにおいて、双方とも大きな違いはなく、どちらも同じように良くない、という意

うんともすんとも

こちらの言うことに、「うん」の一言も返ってこない。何の返事も反応もない様子。「すん」は「うん」の語呂合わせ

ペテンに掛かる

巧みな手段で騙されてしまうこと。「ペテン」は、いかさま、詐欺の意。⇕反対「**ペテンに掛ける**」

やけのやんぱち

望みどおりにならず、どうなってもいいとやけくそになること。「やん八」という人名のような音を続けて、「やけ」を強調

屁《へ》の河童《かっぱ》

まったくたやすいこと。何でもない、たわいもないこと

草葉《くさば》の陰

墓の下。あの世。死んだ人の世界。草葉が生えている墓の下の意から

浪花節的

考え方や行動が古風で、義理や人情を大切にする傾向を持つさま

頭でっかち

意味 体に不釣り合いに頭が大きい、というたとえで、理屈ばかりを言って、まるで実行が伴わないさま

アプリは顔認証で！
ユーザーは年功順で！
起動項目オンで！
え、私がやれって？ムリー！
セッティング中

亀の甲より年の功

意味 年をとり積み重ねてきた経験は貴いものだ、の意。「コウ」の音が同じなので「亀の甲より」と付けて、覚えやすくしている

退職祝
天然べっこうネクタイピン
¥500,000-
わし……負けそう……

にっちもさっちも

「二進《にっち》」「三進《さっち》」はそろばんの用語で、金銭の融通がきかないことを示す。そこから、物事が行き詰まって身動きが取れない、窮地に陥ってどうにもこうにもならない、などの意に

死んで花実が咲くものか

どんな辛いことがあるにせよ、死んでしまっては何にもならない。それは愚かすぎる。生きていればこそ幸せや成功をつかむ可能性もあるのだから

昔取った杵柄《きねづか》

過去に磨き鍛えた技能。かつて修練した腕前

世が世なら

今のような世の中ではなく、もっと自分にとって良い世の中であれば。自分が栄えていて順調だった時代であるなら

与太を飛ばす

「与太」とは、でたらめ、くだらない言葉。ふざけて、それらを口にすること

茶々を入れる

真面目に話しているそばから、冷やかしたり何か冗談めかしたことを言って、話を邪魔する

目の黒いうち

生きている間は。存命中は。「目の玉の黒いうち」とも

仏の顔も三度

いくら慈悲深く温和な人でも、繰り返しひどいことをされたり嫌な目に遭えば、しまいには怒るよ、という意。「仏の顔も三度撫づれば腹立つ」の略

親の顔が見たい

意味 よその子どもの発言や行動に驚き呆れている時、つい口にしてしまう言葉。どんな育て方をしているんだという非難を込めて

キミ！
歩きタバコ
……え？
な、
なんでしょうか？

右と言えば左

意味 人の意見に、ことさら反対する様子

赤あげて
白あげて

親の欲目

親は我が子がかわいくてたまらないものだから、評価が甘くなる。実際以上に良く評価する、という意

ああ言えばこう言う

人の言うことに対して、いちいちつまらない理屈を並べて素直に聞こうとしないさま

甲乙つけがたい

二つのものの力がほとんど同じ。どちらが優れているか決めがたい、という意

いざ鎌倉

これは大ごとだ、大事件が起きた、と身構えること。鎌倉幕府に大事が起きたなら御家人がすぐに駆けつける、という謡曲の一場面から

会話改善メモ

昭和時代の〝オトコの文化〟から生まれた言葉が多数ある

野球、相撲、囲碁・将棋、麻雀、時代劇、任侠映画……など、親しい仲間との会話によく登場する事柄から派生。そうした言葉が自分の言葉のベースにある（染みついている）と、年配者は自覚すること。「全員野球でいこう／ポテンヒットだ（野球より）」「一目置かれた（囲碁より）」など。

年配者の自分と、現代の若者には共通認識が乏しいと改めて知ること

自分が話す言葉は、すべて通じる日本語だと思うのは間違い。ひとりよがりはダメ。

✓ 会話には、双方の歩み寄りが必要

若者は、「やばい」「エグい」「エモい」「神」「ポチる」……などと若者語で通じ合うだけで、年寄りが何かわけのわからないことを言っているよ、とスルーしていたのでは、いつまでも両者は平行線のまま。相手をわかろうとする気持ちが大切。

✓ 若者は、理解できない言葉は相手に聞こう

年配者に「ああ、そうか。この言葉は通じないのか」と、気づかせることにもなる。

コミュニケーションの溝 その5

馴染みのない モノ・コトからは 言葉が想像できない

ココがギャップ！

たとえば、たらいを知らない人、風呂敷で何かを包んだ経験のない人、下駄《げた》を履いたりしたことのない人……。

その他、「巾着《きんちゃく》」って何？「タガ」って何？「ちゃぶ台」とは？「うだつ」とは？

こんな疑問を持つ人は、そうした物が基になってできている言葉を理解しようとするのは無理があります。

当然ながら、日常生活の中で見たことも触ったこともないモノやコトが多いのは、若者の側が圧倒的。

その分だけ、知らない言葉に戸惑います。

下駄を履かせる

下駄の裏面には高さのある2枚の歯がある。そこから、物事を実際よりも高く見せたりよく見せたりするさまをいう

下駄を預ける

自分の身の振り方や事の後処理など、すべてを相手に頼んでゆだねること。履物を預けたら歩き回ることができない意から

お鉢が回る

順番が巡ってくる意。お鉢とは飯びつ＝ご飯を入れる桶状の器。昔、複数人の食事の場で、それぞれの分のご飯を取るため、飯びつを回したことから

重箱の隅をつつく

意味　ごくささいなことやどうでもいいことまで、うるさく干渉したり問題にしたりする

完食だと⁉
1粒残ってるじゃないか
残さず食べんか!!
はいいい
バン!

ほっかむりをする

意味　「頰被《ほおかぶ》り」とも。手拭いや衣類をすっぽりかぶって、頭や顔を隠そうとするように、そのことを知っていながら知らないふりをして、とぼける。しらばくれてごまかす

あれ〜?
来客用の
お菓子が
なくなってる!
もぐもぐ

腰《こし》巾《ぎん》着《ちゃく》

ある人にいつも付き従って離れない人のこと。まるで腰に常に提げている巾着（財布用などの携帯袋。口がひもでくくられている）のように

大風呂敷を広げる

まったくできそうにないことを言ったり、実現不可能な計画をしたりする。大嘘を言う、の意も

太《たい》鼓《こ》判《ばん》をおす

確実で間違いないことを保証する。太鼓判は太鼓のように大きな印判。それをおすほど保証します、と

タガが緩《ゆる》む

タガは竹や金属で作る輪。桶や樽などの外側にはめ、きつく締めあげて、堅く丈夫に仕上げるためのもの。それが緩むとは、すなわち、緊張が緩んだり、気力や思考力などが衰えるなどの意

タガが外れる

張りつめていた緊張や束縛がとれ、気持ちや態度に締まりがなくなる

お灸《きゅう》を据える

強く叱って懲らしめる。きつく叱責する。痛い目に遭わせる。お灸は漢方療法の一つで、肌に直接のせたもぐさに火をつけて焼き、その熱気で治療することから

濡れ手で粟

意味 何の苦労や努力もなしに、利益を得ること。水に濡れた手で小粒の穀物である粟をつかめば、手にいっぱいくっついてくることから

我が社の
過去動画
バズってる!!
アフィー!
急上昇

二足の草鞋《わらじ》をはく

意味 一人で違う種類の仕事を二つ兼ねること。昔、ばくち打ちが捕吏の仕事を兼ねることがあったことから

朝
魚河岸
昼
会社員
くっ!
くっ!
おさき
でーす
……え?
タプ
タプ…

法螺《ほら》を吹く

意味 いばって大きなことを言うこと。大げさに言う。でたらめを言う。法螺貝の殻に穴をあけて吹き鳴らすようにしたものが、山伏や軍隊の合図などに使われ、大きな音が出たことから

ぜひぼくに!
ぼくなら 1日で 全ページ データ化 できます よ〜〜!!
わ、わかった

袖《そで》の下

意味 賄賂のこと。内緒で金品をもらうこと。または贈ること。着物の袖の下から、人目につかないようにしてこっそり渡す意

いっぱい入るよ〜〜
上客
これ、オーダーメイドなんだ
よ…よく お似合いで

のれんに腕押し

軒先の日よけや屋内の仕切り用として、ひらりと垂れている布ののれん。それを腕に力を入れて押しても手応えがない。そこから、相手にいろいろ働きかけをしても反応がなく、張り合いがない、の意

たらい回し

ある物事が、きちんとした処理をされないまま、無責任に次々と送り回されること

丼《どんぶり》勘定

収支を帳簿などできちんと管理せず、手元にある金で大まかに支払いすること。ざっくりとした金計算。この場合の丼とは食器ではなく、職人などが着けたエプロンのような前掛けのポケットをいう

大枚《たいまい》をはたく

大枚とは、たくさんのお金。「はたく」は使うこと。多額の財産などを使ってしまう、という意

うだつが上がらない

出世ができない。いつまでも身分が低いままでパッとしない。「うだつ」とは、家の建築で梁《はり》の上に立てる短い柱。屋根の重みを受け、上から押さえつけられているように見える。それにたとえて

二束三文《にそくさんもん》

値段が非常に安いこと。まとめてタダ同然で売る場合の値段をいうことも。一束にまとめた物が二束で三文なので大変安いという説、また江戸時代、草履が二足でわずか三文だったから、という説もある

ちゃぶ台をひっくり返す

意味 順調にいっている事柄を突然台無しにしてしまうこと。ちゃぶ台とは脚の低い木製食卓。畳に座って取り囲んだ皆が、その上に並べられた料理をさあ食べようという時に、食卓ごとひっくり返してすべてぶちまけるという動作にたとえて

あんな会社の仕事断っちまえ！！
向こうの社長とケンカしたらしいよ
バサァ
社長

左うちわ

意味 お金の心配をすることなく、仕事もせずに安楽な暮らしをしていること。うちわを左手で動かしながらゆったりとしている様子から

せかせか
せかせか
宝くじ
当たったん
だって……

乳《おん》母《ば》日《ひ》傘《がさ》

意味 養育係の乳母に抱かれ、使用人から日傘を差しかけられるほど大切に。裕福な家の子どもがとても大事に育てられる状態をいう

あ、先輩
おはよう
ございます！
坊っちゃまを
本日も
よしなに

夜《よ》鍋《なべ》

意味 夜に仕事をすること。また、その仕事。お腹がすくので、鍋をかけ夜食をとりながら仕事をすることから

残業中
さあ
腹ごしらえだ

敷《しき》居《い》が高い

不始末があったり不義理をしていたりなどで、その人の家へ行くのにどうも気が引ける。行きにくい意。敷居とは、戸などを開け閉めするための溝がついた横木。敷居が高いと、またぎづらいことから

くだを巻く

主に酒に酔っている時、同じことをくどくどと繰り返し言うこと。糸繰車の部品の管が巻かれるたびに、ぶうぶうと音をたてる様子から

お座敷がかかる

仕事を依頼される。あることで人に招かれる。芸者や芸人などが客に呼ばれる、という本来の意味から派生

算盤《そろばん》が合う

採算がとれる。計算したところ、出費以上の収入が得られる

御破算になる

「御破算」とは、算盤で次の計算に移る時、数を置いた前の珠をくずし払って零にすること。そこから、これまでの労苦や築いてきたことが無駄になって元の状態に戻る、という意味を持つ

袖にする

その人に対して、今まで関心を見せていたのに、そっけなくする。情を示さない。両手を着物の袖の中に差し入れたまま何もしない意から

ない袖は振れない

頼まれごとなどに対し、力になってやりたいものの、ないものはどうしようもない。お金を出したくても出せないのだよ、の意。振る袖がなければ振りようがないわけで

鎌をかける

巧みに会話を運んで、こちらが知りたいことや相手の本音をしゃべらそうと仕掛けること。刃が三日月形の鎌は、何かをぐっと引き寄せる道具でもあることから

猫も杓《しゃく》子《し》も

どんな人も。誰も彼も。猫だろうがしゃもじだろうが、とにかく、どいつもこいつも、の意

杓《しゃく》子《し》定《じょう》規《ぎ》

ある規準を他人に強いて律しようとすること。形式にばかりとらわれて融通や応用のきかないこと。曲がっている杓子（＝しゃもじ）の柄を定規として使用しても正しくはかれない意から

お膳立てが揃う

始めようとしていることの準備がすべてできた。すっかり支度が整った。食膳に料理が全部並べられたという意から

外堀を埋める

目的達成の邪魔になるものを、適当な口実を設けて取り除くこと。徳川家康が口実を設けて豊臣方の大坂城の外堀を埋めさせて、やがて攻略したことから

会話改善メモ

若者との会話で、昔のものなどが出てくる言い回しは、できるだけ避ける

年配者は、自分の言い回しに「?」という顔をされたら、他の言い方に変更を。もしも、「それはどんなものですか」と質問されたなら、昔の情報をいろいろ教えてあげると、話が楽しく広がるかもしれない。

「チャンネルを〝回す〟」――動詞にも要注意

昔のテレビのチャンネルは回していた。でも今はそんなテレビはないから「チャンネルを〝変える〟」と言うのがふつう。つい長年のクセで年配者が「チャンネルを回してほしい」と呼びかけても、今の若者は戸惑ってしまうはず。電話も同じく「ダイヤルを回す」と言っても、これまた、きょとんとされる。

若者が一目置かれるチャンス!?

たとえば、あるサークルで、持ち回りの係に決まって「とうとう私にお鉢が回ってきたよ」と苦笑いの年配者。それに対して若者が「はい、みな平等の順番ですからね」と即座に笑顔で応じられたら、周囲も内心「おっ」となるのでは。若いのに語彙が豊富、物知り……等の評判を得ることは、社会的にきっとプラスになるはず。

コミュニケーションの溝

その6

聞き間違い、覚え間違い、カン違い

ココがギャップ！

ずっと後になって、自分が言葉を間違えて覚えていたことがわかり赤面した、などという経験は、多くの人にあるのではないでしょうか。

いえ、気づけばそれでいいのです。正しいほうに修正できたのですから。

救済すべきは、いまだ間違いに気づかず、使い続けている人々のほう。

以前、「〇〇さんの琴線に触れて激怒された」と嘆いた人がいました。「逆鱗に触れて」の誤りですが、学生に行ったアンケート調査では、同様の混同以外に、そもそも「琴線に触れる」を「人の怒りに触れる」という意味で使っていた人が7割以上も。琴線とは、感動する微妙な心情を指し、激怒とは無縁です。

ここに、誤りがちな例をいくつか挙げてみますので、頭の中にある記憶と照らし合わせてみてください。

ちょっと恥ずかしいミスが、会話を滞らせていることがあるやもしれません。

✕ **袖振り合うも多少の縁**

↓

○ **袖振り合うも他生の縁**

解説

どの人も、この世で出会う人や交わる人、また身の回りで起こる出来事も、すべて前世からの宿縁である、決められていた縁である、という意。たとえ、道ですれ違って、たまたま（着物の）袖が軽く触れ合っただけの見知らぬ人ですら、そうした縁なのです、と。人生は全部そうなのだということですから、「多少」ではないのです。「他生」とは前世と来世のこと。また、何度も生を変えてこの世に生まれ出ることを表す「多生」と書く場合もありますが、どちらも同じ意味です。

✕ **孫にも衣装**

←

○ **馬子にも衣装**

解説

「マゴ」という音だけを聞けば、すぐに「孫」と思うのは無理もありません。ここでいう「馬子」とは、馬をひいて人や荷物を運ぶ仕事をする人のこと。今はもうなくなった職業ですが、でこぼこ道や坂道でもヨイショ、ヨイショ。着ているものも質素で、きっと汗まみれだったことでしょう。そんな人でも、着るものを見栄えよくして、外見を美しく整えれば、立派に見える、というわけです。誰でも外だけでも飾れば、それなりに見える——。中身については何もいっていないのがミソではありますが。

× 渡る世間は鬼ばかり

○ 渡る世間に鬼はない

解説

『渡る世間は鬼ばかり』は、橋田壽賀子氏の脚本によるテレビドラマのタイトル。高視聴率の長寿番組だったため、多くの人の頭の中に、こちらのほうがこびりついてしまっているようですが、正しくは「――に鬼はない」です。厳しい世の中で生きていくのは大変なこと、他人は冷たそうに見えるし、自分のような者を助けてくれそうにない……そう思っている人もきっと多いはず。でも、実は世間はそうではありません。困っている人を助けたり、慈悲深い心を持っている人はどこにでもいるもの、という意味を持つ言葉です。

✕ 琴線に触れて激怒された

◎ 逆鱗《げきりん》に触れて激怒された

解説

逆鱗とは、竜のあごの下にある逆さのウロコ。触れたら竜が怒ってその人は殺されてしまう、という中国の故事があります。竜は天子（君主）をたとえているもので、「逆鱗」とは、すなわち「天子の怒り」のこと。そこから転じて、「目上の人の怒りに触れる」といった意味に。地位・階級・年齢などが自分より上の人を怒らせてしまった場合に限りますから、目下の人に使うのは誤りです。一方、琴線は、胸の奥で感動し共鳴する心情のこと。「琴線に触れる」は、素晴らしい人柄や芸術作品などに深い感銘を受ける、となります。

✕ 短刀直入

◯ 単刀直入

解説

ふつう「タントウ」と聞くと、短い刀のほうを思い浮かべる人も多いと思いますが、正しいほうの「単刀」の「単」とは、一つ、あるいは一人の意。すなわち、たった一人で刀を持って、という意味になります。

具体的には、たった一人で敵陣に斬り込んでいくということで、そこから転じて、よけいなことを言わずにまっすぐ話の核心に向かうことを表します。前置きや遠まわりもなしに問題の要点をずばり突く、そういう場合に使われる言葉です。

× 花向けの言葉

→

○ 餞（はなむけ）の言葉

解説

「餞」は、「馬の鼻向け」の意を持ちます。その昔、旅立つ人が乗る馬の鼻を行くべき方向へ向けて、去る人を見送ったという習慣から来ている言葉です。やがて、見送る人たちが去る人の旅立ちや門出の際に、品物やお金や詩歌などを贈るというならわしに変化していきました。学校の卒業式などで卒業していく生徒たちに「餞の言葉」が贈られるのはよく見受けられるシーンです。その際、花束の贈呈などもあったりしますが、その「花を向ける」ではないので、間違えないように。

✕ 取りつく暇がない

← ○ 取りつく島がない

解説

島は、すがるべき場所、ひいては頼りになる人のたとえです。困窮した時や相談事がある時など、ぜひ親身になってもらいたいのに、どういうわけか、態度が冷たい。つっけんどんで知らぬそぶり。話しかけるきっかけすらなくて途方に暮れてしまう……。いわばそういう状況が「取りつく島がない」です。決して「暇がない」のではありません。「シマ」と「ヒマ」。音は似ていますが。

×

体に触らぬよう、お大事に

←

○

体に障《さわ》らぬよう、お大事に

解説

体の害になったり、病気になってしまう意味を表す時、「障る」の字を使います。もしも体の具合があまりよくない知り合いの方に手紙を書く時、単なるタッチを意味する「触る」の字のほうを用いては、少し恥ずかしいことになりかねません。

✕ **押して知るべし**

→

○ **推《お》して知るべし**

解説

よく考えてみればすぐにわかるでしょ。それが「おしてしるべし」です。でも、紙に書く時、多くの人が「押」の字を用いてしまうのはどうしたことでしょう。

「押す」は力を込めて何かに圧力を加えたり移動させたりすること。推理したり、推論したり、推測する、などの時は「推す」。こちらは筋肉ではなく頭のほうを動かすわけです。

× 頭に乗る

→

○ 図に乗る

解説

「あいつ、〝ず〟に乗って……」と、人に腹を立てる時は、頭に血が上りがち。でも、乗るのは「頭に」ではなく「図に」なのです。「図」とは、たくらみ、はかりごと、思うつぼ、などを意味します。そして「乗る」には、調子づく、つけあがる、という意味が。

少し長めに言い直すと「自分の思いどおりに事がうまくいったからといって、いい気になって調子づいてるあいつめ……」と、いったところでしょうか。

✕ **葉っぱをかける**

←

○ **発破をかける**

解説

土木工事などにおいて爆薬をしかけて爆破する（それを発破というのですが）場合、当然ながら人は近寄ってはいけないし、街中ではあり得ません。そういうことから、「はっぱ」と聞くと、山や草地がイメージされるのならば、「葉っぱをかける」と間違える人をあながち責められない気もしますが。

「発破をかける」は、人に対しても用い、力強い言葉をかけて激励したり、大いに気合いを入れたりすることを意味します。

✕ 水を開けられる

○ 水を空けられる

解説

水の競技の、水泳やボートレースなどで、競っている相手との差が大きくつけられること。具体的には、1身長または1艇身以上のかなりの間隔が、両者の間にできて引き離されてしまうこと。もともと「カラにする」意を持つ「空ける」には、場所をふさいでいるものをどけて、入る場所をつくる。そこに隙間をつくる。間を離す——等の意味があります。「開ける」では、「ひらく＝オープン」の意になってしまうのです。

✕ **お歌、子に教えられ**

←

○ **負うた子に教えられ**

解説

「リュックを背負う」とか言いますが、「負う」は、その「背負う」と同じ意味。「負うた」は「背負った」ということで、つまり「おんぶした子」というわけです。正しいほうの言葉が言わんとするところは、「時と場合によっては、大人の自分より小さい子どもや未熟な若者から教えられることもあるものだ」。「オウタ」が「お歌」だと勘違いしていたことが恥ずかしくなるような深い教訓です。

✕ 追われてみたのは

←

○ 負われて見たのは

解説

有名な童謡『赤とんぼ』の歌詞の一部です。「おわれてみたのは、いつの日か」という一節を、「追われてみたのは……」と、多くの人が間違って捉えています。誰かに追われたのではありません。先に説明したとおり、「負われて」なのであり、「背中におんぶされて（赤とんぼを）見たのは、あれはいつだったかなあ」と言っているのです。

× **的を得る**

←

○ **的を射る**

解説

弓で矢を放つ弓道では、あるいは投矢遊びのダーツでも、遠くにある的の中心に命中させることが一番。そこから転じて、物事の最も大事な点を確実に捉えることを「的を射る」といいます。だから「得る」は誤り。「的を射た発言」とか「的を射た質問」という褒め言葉がありますが、肝心な要点をしっかり突いているからです。

× 一身同体

← ○ 一心同体

解説

ポイントは――「こころ」か、「からだ」か。正解は「心」なのですね、この場合。

「一身」は、自分（の身体）、あるいは一人の身体。「一心」は、心と心を合わせること、一致させること、です。したがって、意味は「異なった二つ以上の心が、つまり二人以上の人が心を合わせて同じ体のようになって、強く固く結びついたさま」となります。

×

絶対絶命

↓

○

絶体絶命

解説

「絶対」は、「必ず」「何が何でも」「どうしても」などの意味で使われますが、「絶対絶命」というのは間違いです。「絶命」は死ぬということですから、「何が何でも死ぬ」とでもいうような感じになってちょっと変。体という字を用いる「絶体絶命」は、「体も命も極まるほどの、とうてい逃れられない困難な状況に置かれていること」を表す、重みのある言葉なのです。

✕ 興味深々

←

○ 興味津々

解説

「津々《しんしん》」の基本的な意味は、「絶えずあふれ出ること」。「深々」の基本的な意味は、「ひっそり静まり返ること」。

　興味がひっそり静まり返るわけがありませんから、正しいのは「津々」だということになりますね。非常に興味が引かれて尽きない様子を指します。

✕ 危機一発

○ 危機一髪

解説

「一髪」とは、髪の毛一本のこと。あまりに細くて幅もなきがごとくで……それほどのわずかな距離まで危険が差し迫っている——という意味。

ぎりぎりの危ない瀬戸際を表していますから、「一発」では意味をなしません。

✕ 腐女子のたしなみ

○ 婦女子のたしなみ

解説

「婦女子」は、婦人、女性を指す言葉。女性と子どもを合わせて広く「婦女子」と呼ぶことも。「腐女子」は、今世紀に入った頃、サブカルチャーの分野から生まれた新しい言葉で、ボーイズラブの作品などが好きな女の子たちを指します。本来なら、この二つの混同はないはずですが、「婦女子」という言い方が時代とともに古臭くなり、今の若い人は「フジョシ」と聞くと、ほとんどが「腐女子」のことだと認識するそうです。けれども一般常識として、もうひとつのフジョシ（婦女子）もきちんと知っておかなければいけません。

会話改善メモ

似かよった言い方の混同や誤用に注意

「琴線に触れる」と「逆鱗に触れる」がいい例。本来の意味を正確に確認して。他に混同・誤用が多い例としては、少しも内実を伴わない話をする様子を表す「舌先三寸」。これを「口先三寸」と言うのは間違い。また定評のある確かなものを指す「極め付き」を「極め付け」と言うのも誤り。

音だけで早トチリはしないこと

名古屋の名物鰻料理「ひつまぶし」と「ひまつぶし」。落ち着いて考えれば、鰻が暇つぶしをするわけもなし。また、上手な者も時には失敗する意の「上手の手から水が漏れる」という言い回しを、あの映画の『ジョーズ』の手と勘違いしていた人も。音だけで勝手な思い込みをしないように。

知ったかぶりはしないこと

部長を飲み会に誘う際「枯れ木も山の賑わいですから、どうぞ」。これは失礼では済まない。また、おめかしした孫を連れている上司に街でばったり会い「〝さすが孫にも衣装〟ですね」と言うのもアウト。十分気をつけるべし。

恥をかいたことをプラスに変えて

他人に指摘されても不快に思わないこと。むしろ感謝を。間違えて印象に残ることでかえって頭に残る。

【現代人への提言】
――「やさしい日本語」が日本を救う

言葉は生きる力のもとです。

言葉は、自分自身を表現し、状況を説明し、希望を述べ、相手を理解する……生きていくためには欠かせないものです。

たくさんの言い回しや言い換えが自在にできるようになると、説明力が増します。説明力がなければ、人を納得させることができません。

つまるところ、言葉を覚えて増やすことは、自分の思いを人にわかるように伝える力を養うことにほかならないのです。人を納得させる力がないと、自分に自信がなくなり、人生がうまくいかないことにもなります。

しかしながら、スマホなどの登場によって、日本人は他人と心ゆくまで語り合ったり、大勢の仲間とおしゃべりしたりするようなことが極端に減ってきました。その上、本書ですでに提示したように、自分たちの言葉がずっと通じていると信じて疑わない年配者たち。そしてスマホ画面の動画を黙々と堪能し短いメールを打つだけの若者たち。両者の会話は、もはや信じられないくらい乖離が広がっています。こうした現状のままでは、日本社会の行く末が案じられる……と言ったら言い過ぎでしょうか。

せめて、日本人同士で交わされる会話は、双方が十分理解し、納得し合うものであってほしいと願うばかりですが、じつは最近、日本語にまつわる新しい動きがあり、ここに、会話ギャップ問題解決のヒントがあるような気がするのです。

それは、文化庁が音頭をとって日本各地の主だった自治体が呼応している、在日外国人との交流ガイドライン作りというもの。自分たちの地域で暮らす外国人の不便を少しでも減らすため、さまざまな取り組みがなされているのですが、なかでもその基本となるのは、「やさしい日本語」の周知と普及です。

「やさしい」には、〝易しい（簡単な）〟と〝優しい（相手を思いやる）〟の二つの意味が込められ、だいたい次のような決めごとになっています。

▼簡単な言葉を用いる

▼難しい言葉は、平易な言葉に換えて

▼話を長く続けずに、短く区切って話す(一つの文に一つの内容――を心がけて)
▼具体的に伝える
▼ゆっくり話す
▼相手に伝わっていないと感じたら、別の言葉や表現に言い換えて伝え直す
▼語尾を濁して、相手に意図をくみ取ってもらおうとしない。最後まで言い切る
▼カタカナ外来語はできるだけ使わない

わかりやすい例を挙げると、このような感じになります。

◇「……はご遠慮ください」↓「……はできません」
◇「必ず施錠してください」↓「必ず鍵をかけてください」
◇「医療機関を受診してください」↓「病院へ行ってください」
◇「運転を見合わせています」↓「電車は動いておりません」
◇「避難する」↓「逃げる」
◇「未加入」↓「まだ入っていない」
◇「該当者」↓「あてはまる人」

◇「土足厳禁」↓「靴を脱いでください」
◇「天地無用」↓「この荷物は上下を逆にしてはいけません」
……など。

どうでしょう。外国人に相対する時の手引きではありますが、なるほどと思うことが多く、今の日本人にとっても十分参考になりそうです。

老いも若きも世代を超えて、いったんみんな同じ易しい（優しい）言葉を通い合わせてみれば、相互の理解もきっと進むはずです。

コロナ禍において、「不要不急の――」という言葉を使った注意が当局からさんざん連呼されましたが、〝ふようふきゅう〟とはどういう意味か、はじめは全然わからなかったと言った人がいました。小学2年生の女児を持つ30代の主婦。「不要品のフリマアプリに関係する言葉かと思った」とも。そしてほかにも、「四字熟語は苦手だし、外出は控えて、の〝控えて〟ってどうすること?」と言う若者もいました。

こうした人たちもいるのだということを少しでも考慮したなら、別のやさしい日本語での訴え方もあったのではないかと思ってしまいます。

ついでに、新型コロナウイルスの感染症法上の位置づけが「2類」から「5類」

に移行した際、東京都が打ち出したのは、「サステナブル・リカバリー」というカタカナ標語。これをいったいどれだけの人が理解できているのでしょうか……。

＊

「自分にとっての〝あたりまえ〟が、相手にとっても〝あたりまえ〟なのかを立ち止まって考えること。

そのうえで、相手にあわせて何が〈やさしい〉のか（＝どのような配慮や工夫が効果的なのか）を考えることが大切です。

〈やさしい日本語〉では、自分にとっての〝あたりまえ〟や、相手のことをイメージするという想像力が欠かせません」

神奈川県・川崎市の「〈やさしい日本語〉ガイドライン」小冊子に添えられている呼びかけです。

日本語、異言語を問わず、人が人と話をする時、最も肝心な心得がここにあるといえましょう。

そして、私たち日本人一人ひとりが豊かな会話を取り戻す、大きな示唆があるようにも思えてなりません。

【監修者紹介】
山口謠司（やまぐち　ようじ）
1963年、長崎県佐世保市に生まれる。大東文化大学文学部中国文学科教授。中国山東大学客員教授。博士（中国学）。大東文化大学文学部卒業後、同大学大学院、フランス国立高等研究院人文科学研究所大学院に学ぶ。ケンブリッジ大学東洋学部共同研究員などを経て、現職。
著書に、ベストセラー『心とカラダを整える おとなのための1分音読』（自由国民社）、『語彙力がないまま社会人になってしまった人へ』（ワニブックス）などがある。

じつは伝わっていない日本語大図鑑

2023年12月12日発行

監修者——山口謠司
発行者——田北浩章
発行所——東洋経済新報社
〒103-8345　東京都中央区日本橋本石町 1-2-1
電話＝東洋経済コールセンター　03(6386)1040
https://toyokeizai.net/

装　丁………………bookwall
D T P………………美創
カバー・本文イラスト……太中トシヤ
イラスト進行…………デジカル
印　刷………………港北メディアサービス
製　本………………積信堂
編集協力……………西端洋子
編集担当……………寺西鷹司
　Printed in Japan　ISBN 978-4-492-04754-5